Meri Awaz My Voice

– FAREENA KHAN –

Printed and [illegible] de.com

FastPrint Publishing
http://www.fast-print.net/bookshop

MERI AWAZ MY VOICE

Copyright © Fareena Khan 2017

ISBN: 978-178456-464-3

All rights reserved

No part of this book may be reproduced in any form by photocopying or any electronic or mechanical means, including information storage or retrieval systems, without permission in writing from both the copyright owner and the publisher of the book.

The right of Fareena Khan to be identified as the author of this work has been asserted by her in accordance with the Copyright, Designs and Patents Act 1988 and any subsequent amendments thereto.

A catalogue record for this book is available from the British Library

First published 2017 by
FASTPRINT PUBLISHING
Peterborough, England.

I bring to you my Shayeri book written in Roman Urdu, Urdu and also translated in English. I have tried my best to keep the words simple yet still my poetry has a deep meaning and all through writing this book it has touched many souls.

Many people find with Shayari some words are very difficult to understand and therefore they never grasp the full meaning of it. I hope the simplicity of my words helps many understand.

Within the British Asian society I have come across many who although can speak the Urdu language and understand it when it is spoken, can neither read nor write it and therefore my book provides a platform between the languages. For those who may not fully understand Urdu I have provided a word for word English translation.

My shayari is not based on any particular topic but I have written a mixture of shayari and in my first book I have only just touched on some taboo subjects within our culture and community.

I am the voice that is not afraid to speak.

Translated, Edited and Explained by Fareena khan

All characters are fictional. Any similarity to any actual person is purely coincidental.

DEDICATION

This book is written to promote the use of the Urdu language and to highlight some topics which are for many people in the Asian community taboo.

I find within the Asian culture there is an important concept where in social situations, it is important for each person to maintain respect and dignity from those they are interacting with. The three things I have found are the most important to the majority of people are the impression someone makes of them, to be treated with respect and the need to be admired.

Many hide behind a mask longing for approval, however what we at times fail to realise is we are also admired for speaking up. We are more in control of our lives by speaking the truth and we are respected for not hiding behind a mask.

My book touches on some taboo subjects which we rarely discuss but know exist within our culture. These are mixed amongst some other poetry I have written.

My aim is to become your voice and highlight these issues in poetry format. My aim is to help others speak up.. Let your voice be heard.

Remember my name #FareenaKhan

ACKNOWLEDGEMENTS

Thank you to my family, friends, associates, colleagues and general members of the public, acquainted or estranged. Without a shadow of doubt I can say you have all been there for me every step of the way and it is with your support I bring you my very first book.

A special thanks to a very special lady who believed in me and my words, who was touched by my poetry and who was my strength and ensured I never gave up my dream of writing. Our endless nights of talks and tears, late nights making my favourite pakoreh whilst I wrote will never be forgotten. You truly are amazing.

To my family...Thank you. Without you all I would not be the person I am today.
To my Son...Thank you for putting up with Mummys endless days of writing. You are my life and I'm so proud of you. I owe you a massive treat, it's here in black and white!
Thank you to those who became the shadows of the non existent.
To both of my dearest best friends, my sisters thank you for being my pillar of strength.

CONTENTS

Dekho Na Maa	Page 11-14
دیکھو نا ماں	Page 14-16
Look Mum	Page 16-19
Dua/ دعا /Prayer	Page 20
Reth ka mehal / ریت کا محل / Sandcastle	Page 21
Dil Ki Dhadkan / دِل کی دھڑکن / My heartbeat	Page 22
Sika / سکہ / Coin	Page 23
Papa	Page24-25
پاپا	Page 26-27
Dad	Page 28-29
Dard / درد / Pain	Page 30
Rulao na / رلاؤ نہ / Don't make me cry	Page 31
Jee lene doh / جی لینے دو / Let me live	Page 32
Roshni ki Kiran	Page 33
روشنی کی کرن	Page 34
Ray of light	Page 35

4

Kuch keh rahi hoon main / کچھ کہہ رہی ہوں میں /
I am saying something — Page 36

Qabar / قبر / Grave — Page 37

Khel / کھیل / Game — Page 38

Mazhab / مذہب / Religion — Page 39

Insaan / انسان / Humans — Page 40

Taj — Page 41-42

تاج — Page 42

Crown — Page 43

Thaane / تانے / Digs — Page 44

Jeene Lagi / جینے لگی / I started living — Page 45

Kethe the thum / کہتے تھے تم / You used to say — Page 46

Aag / آگ / Fire — Page 47

Kagaz / کاغذ / Paper — Page 48

Baat / بات / Talk — Page 49

Dukh / دکھ / Pain — Page 50

Naam / نام / Name — Page 51

Khaali haath / خالی ہاتھ — Page 52

Empty handed	Page 53
Barsaath / برسات / Rainfall	Page 54
Dil kaanch ka / دل کانچ کا / Heart of glass	Page 55
Khamosh hoon main	Page 56
خاموش ہوں میں	Page 57
I am quiet	Page 58
Maa Baap / ماں باپ / Mum and dad	Page 59
Apna naam banougi / اپنا نام بناوگی /	
A name for yourself	Page 60
Bass rehne do	Page 61
بس رہنے دو	Page 62
Just leave it	Page 63
Lakeerein / لکیریں / Lines	Page 64
Gille / گِلے / Complaints	Page 65
Raaz / راز / Secret	Page 66
Fajr ki Namaz / فجر کی نماز / The Fajr prayer	Page 67
Mothi bikhar gaye	Page 68

موتی بکھر گئے	Page 69
The Pearls fell	Page 70
Zaroorath / ضرورت / Need	Page 71
Dosth / دوست	Page 72
Friend	Page 73
Thamasha / تماشا / A show	Page 74
Kamyaabi / کامیابی / Success	Page 75
Jahez	Page 76-78
جہیز	Page 78-79
Dowry	Page 79-81
Kyu	Page 82
کیوں	Page 83
Why	Page 84
Thanhai / تنہائی / Loneliness	Page 85
Aetbaar / اعتبار / Trust	Page 86
Ehsaas / احساس / Realisation	Page 87
Behen	Page 88

بہن	Page 89
Sister	Page 90-91
Maa, baap ka saiya	Page 92
ماں باپ کا سایہ	Page 93
Mum and dads shadow	Page 94
Khoon ke rishte	Page 95
خون کے رشتے	Page 95-96
Blood relations	Page 96
Kuch bi nahi / کچھ بھی نہیں / Nothing	Page 97
Akhri Mulakat	Page 98
آخری ملاقات	Page 98-99
Last meeting	Page 99
Maafi	Page 100
معافی	Page 101
Forgiveness	Page 102
Laut kar aya hoon	Page 103
لوٹ کر آیا ہوں	Page 104
I have come back	Page 105

Saal gira Mubarak	Page 106-107
سال گرا مبارک	Page 107-108
Happy birthday	Page 108-109
Dukh / دکھ / Sadness	Page 110
Khuda hafiz / خدا حافظ / Goodbye	Page 111
Tabraiz / تبریز	Page 112
Tabraiz	Page 113
Dafanakar mujhe / دفنا کر مجھے	Page 114
My Burial	Page 115
Shaadi ka faisla	Page 116-117
شادی کا فیصلہ	Page 118
Arranged Marriage	Page 119-120
Jeeyoh	Page 121-123
جیو	Page 123-124
Live	Page 124-126
Ghar ki Bahu	Page 127-129
گھر کی بہو	Page 130-131
Daughter In Law	Page 132-134

Ehsaan Faramosh / احسان فراموش / Ungrateful	Page 135
Thalaaq / طلاق / Divorce	Page 136-140
Rothe ho / روتے ہو / You cry	Page 141
Zinda dil / زندہ دل / Lively heart	Page 142
Khuda ke faisle / خدا کے فیصلے / Gods decisions	Page 143
Shatranj Ki Baazi / شطرنج کی بازی / Game of chess	Page 144
Khwaab / خواب / Dreams	Page 145
Ishq ki gali / عشق کی گلی / The path of love	Page 146
Bathein / باتیں / Conversation	Page 147 Page 148

Dekho Na Maa

Dekho na Maa

Beti hui hai phir se

Beta tho nahi parr mannath maang lena Rab se

Dekho na Maa

Kahein sab ko woh aa kar milein mujhse

Dosh mera nahi, chahti hoon pyaar tujhse

Dekho na Maa

Apne bete ke liye ladoo baant rahein hain woh

Beti ki khushi mein aap bhi baant doh

Dekho na Maa

Ab bolna seekha maine, sunno naa

Ab kya lagi hoon main kehne

Dekho na Maa

Beti chand dino ki mehmaan hai

Beta nahi parr meray bhi koi armaan hain

Dekho na Maa

Waqt guzaro mere saath,

Apne kaam mein lagi ho, karo na mujhse baat

Dekho na Maa

Aaj school mein kya banaya,

Dekhein na idhar, aaj bachon ne mujhe rulaya

Dekho na Maa

Mujhe godh mein batao

Paas betah kar mujhe kahani sunao

Dekho na Maa

Aaj khanay mein kya banaya

Koi kaam jo ho apke saath hi karna chaha

Dekho na Maa

Mere jooteh ko haath nahi lagateen

Chai bana kar apke liyeh, pehla ghoont pee kar hi main hamesha athi

Dekho na Maa

Jis bete ki khwaish thi woh aa gaya ab

Ab uss se khidmath karva lena sab

Dekho na Maa

Uss bete ko tho apni hi parvah hai

Meri kisi ne himayat na ki, par hamesha maine hi khyaal rakha hai

Dekho na Maa

Chor rahi hoon ab apka ghar

Jiss mein kabhi na hui beti ki kadar

<u>دیکھو نہ ماں</u>

دیکھو نہ ماں
بیٹی ہوئی ہے پِھر سے
بیٹا تو نہیں پر منت مانگ لینا رب سے

دیکھو نہ ماں
کہیں سب کو وہ آکر ملیں مجھ سے
دوش میرا نہیں ، چاھتی ہوں پیار تجھ سے

دیکھو نہ ماں
اپنے بیٹے کے لیے لڈو بانٹ رہے ہیں وہ
بیٹی کی خوشی میں آپ بھی بانٹ دو

دیکھو نہ ماں
اب بولنا سکھا میں نے ، سنو نہ
اب کیا لگی ہوں میں کہنے

دیکھو نہ ماں
بیٹی چند دنوں کی مہمان ہے
بیٹا نہیں پر میرے بھی کوئی ارمان ہیں

دیکھو نہ ماں
وقت گزارو میرے ساتھ
اپنے کام میں لگی ہو ، کرو نہ مجھ سے بات

دیکھو نہ ماں
آج سکول میں کیا بنایا
دیکھیں نہ ادھر آج بچوں نے مجھے رلایا

دیکھو نہ ماں
مجھے گود میں بٹھاؤ
پاس بٹھا کر مجھے کہانی سناؤ

دیکھو نہ ماں
آج کھانے میں کیا بنایا
کوئی کام جو ہو آپکے ساتھ ہی کرنا چاہا

دیکھو نہ ماں
میرے جوٹھے کو ہاتھ نہیں لگاتیں
چائے بنا کر آپکے لیے پہلا گھونٹ پی کر ہی میں ہمیشہ آتی

دیکھو نہ ماں
جس بیٹے کی خواہش تھی وہ آ گیا اب
اس سے خدمت کروا لینا سب

دیکھو نہ ماں
اس بیٹے کو تو اپنی ہی پرواہ ہے
میری کسی نے حمایت نا کی پر ہمیشہ میں نے ہی خیال رکھا ہے

دیکھو نہ ماں
چھوڑ رہی ہوں اب آپکا گھر
جس میں کبھی نہ ہوئی بیٹی کی قدر

Look Mum

Look Mum

You have had another daughter

I am not a son, but you can pray again for a son

Look Mum

Tell everyone to come to meet me

It's not my fault, I just want you to love me

Look Mum

They're giving out sweets on the birth of their son

Why don't you do the same on the birth of your daughter

Look mum

I have started talking now, listen to me

Hear what I have to say

Look mum

A daughter is just a visitor at your house

Talk to me I have some wishes too

Look mum

Spend some time with me

You are busy working, talk to me

Look mum

Look at what I made at school

Look here, the children made me cry today

Look mum

Sit me in your lap

Lets sit together, tell me a story

Look mum

I have cooked today

All I want is to do something with you

Look mum

You never eat or drink anything I have touched

When I make tea for you I always secretly take the first sip

Look mum

The son you longed for is here now

Ask him to do everything for you now

Look mum

All he cares about is himself

No one ever sided with me but I was the one who always looked after you

Look mum

I am leaving your house now

The house in which a daughter was never valued

Dua

Duaon se bhar doh gulshan mera

Bass aur kuch nahi manga kisi se

Phoolon ki kadar tab ho tumhe

Jab kante hi mile ho raaste mein

دعا

دعاؤں سے بھر دو گلشن میرا
بس اور کچھ نہیں مانگا کسی سے
پھولوں کی قدر تب ہو تمہیں
جب کانٹے ہی ملے ہوں راستے میں

Prayer

Fill my garden with prayers

I haven't asked you for anything else

You will appreciate flowers

When your path has been full of thorns

Reth ka mehal

Beht ke reth ka mehal banaya karte the

Sab behan bhai ye khel khela karte the

Paani uss mehal koh bahaa ke le gaya

Mehal woh hamara ghar tha jo aankhon ke samne hi ujhar gaya

ریت کا محل

بیٹھ کے ریت کا محل بنایا کرتے تھے
سب بہن بھائی یہ کھیل کھیلا کرتے تھے
پانی اس محل کو بہا کے لے گیا

محل وہ ہمارا گھر تھا جو آنکھوں کے سامنے ہی اجڑ گیا

Sandcastle

We used to sit and build sandcastles

We siblings used to play together

The tide came and washed away the sandcastle

The sandcastle was our house that was destroyed before our eyes.

Dil Ki Dhadkan

Dil ki dhadkan ko woh kya samjhein

Jinho ne kabhi dil ko samjha hi nahi

Aankhon ke aansu ko woh kya samjhein

Jinho ne kabhi apna samjha hi nahi

دِل کی دھڑکن

دِل کی دھڑکن کو وہ کیا سمجھیں
جنہوں نے کبھی دِل کو سمجھا ہی نہیں
آنکھوں کے آنسو کو وہ کیا سمجھیں
جنہوں نے کبھی اپنا سمجھا ہی نہیں

My heartbeat

How will he understand the way my heart beats

He never understood my heart

How will he understand why my tears flow

He never thought of me as his own

Sika

Sika haath mein ho toh iss ki kadar karo

Sike se sika milah kar ghareeb ki hatheli bharo

Najane kab kissi ki dua lag jaye

Apne aap ko ghareeb ke barabar samjho, kahin uski badua na lag jaye

سکہ

سکہ ہاتھ میں ہو تو اِس کی قدر کرو
سکے سے سکہ ملا کر غریب کی ہتھیلی بھرو
ناجانے کب کسی کی دعا لگ جائے
اپنے آپ کو غریب کے برابر سمجھو کہیں اسکی بدعا نہ لگ جائے

Coin

Value the coin in your hand

Put it in the hands of someone poor

You never know when they will wish something good for you

Always think of yourself as if you are as poor as them, one day you may not have all this fortune

Papa

Mere pyare papa, aap hain meri jaan
Meri ye zindagi aap pe qurbaan
Na chor ke jayein apni beti ko
Bass ye akhri kwaish puri kar doh

Chot lagti thi toh paas apke aathi thi
Hamesha aap ka saath raha
Ek baar laut toh ayein meri zindagi mein
Papa bass apka hi sahara tha

Din raat cycle chalaya karte the
Jo cheez main chahthi thi woh le kar dethe the
Kaise bala ho gaye itne door mujhse
Itna batha dein kya hua kasoor mujhse

Mere pyare papa, aap hain meri jaan
Meri ye zindagi aap pe qurbaan
Na chor ke jayein apni beti ko
Bass ye akhri kwaish puri kar doh

Choti thi toh judo sikhaya karte the
Khabi choht kha kar na ghar ana kaha karte the
Na maine khabi uff ki ye hi sikhaya tha aap ne
Kidhar hain ab aap papa, aisa dard paiya zindagi mein

Ghir jaati thi toh aap hi utathe the papa
Mujhe rothe dekh kar aap toh pigal jathe the
Sab kuch hote hue bhi aap ki kami hai papa
Ab iss dard ko kaun mitayega zindagi se

Mere pyare papa, aap hain meri jaan
Meri ye zindagi aap pe qurbaan
Na chor ke jayein apni beti ko
Bass ye akhri kwaish puri kar doh

Cheen liya mujhse unhone mere papa
Aap hi meri raah aur aap hi manzil hain
Ek baar phir apse milne ko jee chahtha hai papa
Aapka shukriya adha karne ko jee chahtha hai

Ab khabi milein ya na milein mujhe nahi patha
Ek baar phir apka chehra dekhne ko jee chahtha hai
Main hoon woh beti jisne khoya apne papa ko
Galthi meri nahi, Allah ne jaise chaha ho gaya woh

Mere pyare papa, aap hain meri jaan
Meri ye zindagi aap pe qurbaan
Na chor ke jayein apni beti ko
Bass ye akhri kwaish puri kar doh

پاپا

میرے پیارے پاپا ، آپ ہیں میری جان
میری یہ زندگی آپ پہ قربان
نہ چھوڑ کے جائیں اپنی بیٹی کو
بس یہ آخری خواہش پوری کر دو

چوٹ لگتی تھی تو پاس آپکے آتی تھی
ہمیشہ آپ کا ساتھ رہا
ایک بار لوٹ تو ئیں میری زندگی میں
پاپا بس آپکا ہی سہارا تھا

دن رات سائیکل چلایا کرتے تھے
جو چیز میں چاہتی تھی وہ لے کر دیتے تھے
کیسے بھلا ہو گئ اتنے دور مجھ سے
اتنا بتا دیں کیا ہُوا قصور مجھ سے

میرے پیارے پاپا ، آپ ہیں میری جان
میری یہ زندگی آپ پہ قربان
نہ چھوڑ کے جائیں اپنی بیٹی کو
بس یہ آخری خواہش پوری کر دو

چھوٹی تھی تو جوڈو سکھایا کرتے تھے
کبھی چوٹ کھا کر نہ گھر آنا کہا کرتے تھے
نہ میں نے کبھی اُف کی یہی سکھایا تھا آپ نے
کدھر ہیں اب آپ پاپا ایسا درد پایا زندگی میں

گر جاتی تھی تو آپ ہی اٹھاتے تھے پاپا
مجھے روتے دیکھ کر آپ تو پگل جاتے تھے
سب کچھ ہوتے ہوئے بھی آپ کی کمی ہے پاپا
اب اِس درد کو کون مٹائے گا زندگی سے

میرے پیارے پاپا ، آپ ہیں میری جان
میری یہ زندگی آپ پہ قربان
نہ چھوڑ کے جائیں اپنی بیٹی کو
بس یہ آخری خواہش پوری کر دو

چھین لیا مجھ سے انہوں نے میرے پاپا
آپ ہی میری راہ اور آپ ہی منزل ہیں
ایک بار پھر آپ سے ملنے کو جی چاتہا ہے پاپا

اب کبھی ملیں یا نہ ملیں مجھے نہیں پتا
ایک بار پھر آپکا چہرہ دیکھنے کو جی چاہتا ہے
میں ہوں وہ بیٹی جسنے کھویا اپنے پاپا کو
غلطی میری نہیں اللہ نے جیسے چاہا ہو گیا وہ

میرے پیارے پاپا ، آپ ہیں میری جان
میری یہ زندگی آپ پہ قربان
نہ چھوڑ کے جائیں اپنی بیٹی کو
بس یہ آخری خواہش پوری کر دو

Dad

My dearest dad, you are my life
I would sacrifice my life for you
Don't leave your daughter like this
Please fulfil my last wish

When I got hurt I would come to you
You were always by my side
Just come back into my life once more
You were the only one I really had

We used to go cycling day and night
You would get me anything I asked you for
How have you drifted so far away from me
What was my mistake

My dearest dad, you are my life
I would sacrifice my life for you
Don't leave your daughter like this
Please fulfil my last wish

When I was younger you taught me judo
You told me never to come back home hurt
I never complained about anything, you taught me that
Where are you now dad, I have been through so much pain

When I would fall you would pick me up
You would see me crying and melt
I have everything in my life but you are missing
Who will take this pain away

My dearest dad, you are my life
I would sacrifice my life for you
Don't leave your daughter like this
Please fulfil my last wish

They snatched my dad away from me
You are my path and you are my destination
I just want to see you one last time
I just want to thank you for everything

I don't know if we will ever meet again
I just want to see your face
I am the daughter who lost her dad
It wasn't my mistake, it's what God wanted.

My dearest dad, you are my life
I would sacrifice my life for you
Don't leave your daughter like this
Please fulfil my last wish

Dard

Dariya ke kinare beht kar likhe maine apne dard

Namaaz parh parh ke nibhaye apne farz

Dariya mein hi likh kar phenk deti thi woh

Jo armaan dil ke nahi kiye kabhi arz

درد

دریا کے کنارے بیٹھ کر لکھے میں نے اپنے درد

نماز پڑھ پڑھ کے نبھائے اپنے فرض

دریا میں ہی لکھ کر پھینک دیتی تھی وہ

جو ارمان دِل کے نہیں کیے کبھی عرض

Pain

I sit by the river and write my pain

I read my prayers and fulfil my duties

I throw all I have written in the river

These are the feelings no one will ever hear

Rulao na

Rulao na mujhe tum ne kassam khai thi

Sab ko chor kar paas tumhare aye thi

Na thodo iss dil ko, itni hi duhai thi

Tukre kar diyeh dil ke tum ne, kya main iss hi layak thi

Har dardh kabool mujhe, na koi shikayat ki

رلاؤ نہ

رلاؤ نہ مجھے تم نے قسم کھائی تھی
سب کو چھوڑ کر پاس تمھارے آئی تھی
نہ توڑو اِس دِل کو ، اتنی ہی دہائی تھی
ٹکڑے کر دیے دِل کے تم نے ، کیا میں اِس ہی لائق تھی
ہر درد قبول مجھے نہ کوئی شکایت کی

Don't make me cry

Don't make me cry you swore you wouldn't

I left all I had and came to you

Don't break my heart that's my only outcry

You broke my heart into pieces, is that what I deserved

I accept it all and have no complaints

Jee lene doh

Mar mar ke jiya jaana aata nahi mujhe

Jeena hai toh zinda dil jee lene doh

Jab mar jaungi phir aa jaana samne mere

Aansu phir tumhe dekh kar bhi nikle ga nahi woh

جی لینے دو

مر مر کے جئے جانا آتا نہیں مجھے
جینا ہے تو زندہ دِل جی لینے دو
جب مر جائوں پِھر آجانا سامنے میرے
آنسو پِھر تمہیں دیکھ کر بھی نکلے گا نہیں وہ

Let me live

I don't know how to live life as if i'm dead

If i'm going to live let me live to my fullest

When I die and you stand infront of me

I won't cry a tear for you then

Roshni ki Kiran

Chamakte hue sitaron se poocho

Raat ki andher se poocho

Roshni ki Kiran hoon main

Andhera daleh toh roshni aye, dilon mein roshni laye

Roshni ki Kiran hoon main

Dilon ki daastaan sunne wali, gham ke andher mein kaam aneh wali

Roshni ki Kiran hoon main

Aansu ponchneh wali, thumhe hassane wali

Roshni ki Kiran hoon main

Tumhare zakhm parr marham lagane wali, tumhe pyar sikhane wali

Roshni ki Kiran hoon main

Diya mera ab bhuj na paye

Jalta hai ab toh jalne doh

Roshni ki Kiran hoon main

روشنی کی کرن

چمکتے ہوئے ستاروں سے پوچھو
رات کے اندھیر سے پوچھو
روشنی کی کرن ہوں میں
اندھیرا ڈھلے تو روشنی آئے ، دلوں میں روشنی لائے
روشنی کی کرن ہوں میں
دلوں کی داستاں سننے والی ، غم کے اندھیر میں کام آنے والی
روشنی کی کرن ہوں میں
آنسو پونچھنے والی

تمھیں ہسانے والی
روشنی کی کرن ہوں میں
تمھارے زخم پر مرہم لگانے والی ، تمہیں پیار سکھانے والی
روشنی کی کرن ہوں میں
دیا میرا اب بجھ نہ پائے
جلتا ہے اب تو جلنے دو
روشنی کی کرن ہوں میں

Ray of light

Ask the stars in the sky, ask the darkness

I am a ray of light

When darkness turns to light, it brings light in our hearts

I am a ray of light

I hear what your heart says, I am there in your time of need

I am a ray of light

I wipe your tears, I make you laugh

I am a ray of light

I apply balm to your wounds, I teach you how to love

I am a ray of light

You can not put out this candle. It has been lit now, let it burn

I am a ray of light

Kuch keh rahi hoon main

Meri baath gaur se suno, kuch keh rahi hoon main

Mujhe chup na karao, kuch keh rahi hoon main

Ab bol rahi hoon toh bolne doh, kuch keh rahi hoon main

Samajna hai toh samaj jao, jo keh rahi hoon main

<u>کچھ کہہ رہی ہوں میں</u>

میری بات غور سے سنو ، کچھ کہہ رہی ہوں میں

مجھے چُپ نہ کراؤ ، کچھ کہہ رہی ہوں میں

اب بول رہی ہوں تو بولنے دو ، کچھ کہہ رہی ہوں میں

سمجھنا ہے تو سمجھ جاؤ ، جو کہہ رہی ہوں میں

I am saying something

Listen to me carefully, I am saying something

Don't silence me, I am saying something

Now that I am speaking let me speak, I am saying something

Understand me if you can, I am saying something

Qabar

Laash meri dekh kar na rona tum

Qabar meri phoolon se sajah dena tum

Zinda thi toh waqt nahi diya tumne

Ab kabaristaan hi sahi chale aana tum

قبر

لاش میری دیکھ کر نہ رونا تم
قبر میری پھولوں سے سجا دینا تم
زندہ تھی تو وقت نہیں دیا تم نے
اب قبرستان ہی سہی چلے آنا تم

Grave

Don't cry when you see my dead body

Decorate my grave with flowers

When I was alive you didn't give me any time

Now i'm dead you come and visit my grave.

Khel

Bachpan mein har khel jeet jathi thi main

Tab ye nahi patha tha ke kabhi haarna bhi zaroori hai

Zindagi ne hi khel essa khela, ke unse kya, khud se bhi haar gayi hoon main

کھیل

بچپن میں ہر کھیل جیت جاتی تھی میں
تب یہ نہیں پتہ تھا کے کبھی ہارنا بھی ضروری ہے
زندگی نے ہی کھیل ایسا کھیلا ، کے انسے کیا خود سے بھی ہار گئی ہوں میں

Game

When I was a child I used to win every game

I didn't realise then that losing was also important

Life played such a game with me, I didn't just lose with him but with myself too

Mazhab

Kaatil nigahon ne dil churah liya mera

Nazar se nazar mili aur apna bana liya

Pyaar diya, khushiyan di itni

Jeene ka mazhab sikha diya

مذہب
قاتل نگاہوں نے دِل چرا لیا میرا
نظر سے نظر ملی اور اپنا بنا لیا
پیار دیا ، خوشیاں دی اتنی
جینے کا مذہب سکھا دیا

Religion

You looked at me and stole my heart

Our eyes met and you made me yours

You gave me love, you gave me happiness

You taught me the religion of living my life

Insaan

Insaan se pyar karo uski khoobsurti se nahi

Uss ke dil se dil lagao, uss ke paison se nahi

Paisa toh Allah ki dehn hai, kal ho na ho

Uss insaan ko insaniath dikao apna lalach nahi

انسان

انسان سے پیار کرو اسکی خوبصورتی سے نہیں
اس کے دِل سے دِل لگاؤ ، اس کے پیسوں سے نہیں
پیسا تو اللہ کی دین ہے ، کل ہو نہ ہو
اس انسان کو انسانیت دکھاؤ اپنا لالچ نہیں

Human

Love a human for who they are, not for their beauty

Love them with your heart, don't love them for their money

Money is Gods blessing, here today and gone tomorrow

Show the person you love some humanity not just your greed

Taj

Naa dekho idhar udhar, main hoon taj tera, kaha ye ussne mujhse, ye hai vaada mera

Chorungi nahi ab tera saath, roz roz karungi main tumse baat,

Akeli hoon main, akeli ho tum, aankhon mein ansu aye, ho gaye woh num

Aya uss ki zindagi mein ek essa shaks, nikalthi gayi main woh jooteh nuks,

Na jaana mujhe chor kar kya karungi main, behen aayi meri zindagi mein, ab har sitham kar loongi main seh

Shaadi ho gayi uski, parayeh des chali gayi, door rehthi hai toh kya, mere dil mein toh sahi

Taj tumhe mubarak, khushiyon se bhar doh apna mehal, Hamari dosti ki kassam, khushiyan kar dun main pehel

Abaad rahe thumhara ghar, ye hi hai meri dua, bohat aansu roh chuki ho, aisi mili thi thumhe sazaa

Sazaa bhi kiss baat ki, Rab ne likhi thi ageh kahani, ek hai tera raja aur tu hai uski raani

تاج

نہ دیکھو ادھر اُدھر ، میں ہوں تاج تیرا ، کہا یہ اس نے مجھ سے ، یہ ہے وعدہ میرا
چھوڑوں گی نہیں اب تیرا ساتھ ، روز روز کروں گی میں تمسے بات ،
اکیلی ہوں میں ، اکیلی ہو تم ، آنکھوں میں آنسو آئے ، ہو گئے وہ نم

آیا اس کی زندگی میں ایک ایسا شخص ، نکالتی گئی میں وہ جھوٹے نقص ،
نہ جانا مجھے چھوڑ کر کیا کروں گی میں ، بہن آئی میری زندگی میں اب ہر ستم کر لونگی میں سہہ ،

شادی ہو گئی اسکی ، پرائے دیس چلی گئی ، دور رہتی ہے تو کیا ، میرے دِل میں تو سہی
تاج تمہیں مبارک ، خوشیوں سے بردو اپنا محل ، ہماری دوستی کی قسم ، خوشیاں کر دوں میں پھیل

آباد رہے تمہارا گھر ، یہ ہی ہے میری دعا ، بہت آنسو رو چکی ہو ، ایسی ملی تھی تمیں سزا
سزا بھی کس بات کی ، رب نے لکھی تھی آگے کہانی ، ایک ہے تیرا راجہ اور تو ہے اسکی رانی

Crown

Don't look here and there, here I am, your crown

This is what she said to me, this is my promise to you

I will never leave your side, I will talk to you every day

I am alone, you are alone, my eyes were filling with tears

Somebody came into her life and I kept on picking at faults in him which didn't exist.

Please don't leave me what will I do, you came into my life as my sister. I can go through anything now

She has got married now and gone to another country, she lives so far away but is still in my heart

Congratulation on your crown, fill your palace with happiness, I swear on our friendship I will spread this happiness everywhere

May you have every happiness in your life and home, that's my wish for you

You have cried many tears, that's the punishment you were given

Punished for what though, God didn't end your story there. He is your King and you are his Queen.

Thaane

Ek haath se taali nahi bajti kehte the woh

Thaane dene mein toh mahir the woh

Sheesheh ke mehal mein rehne wale pathar kyu penkte ho

Apni badnaseebi ka zeher mujhe kyu pilathe ho

تانے
ایک ہاتھ سے تالی نہیں بجتی کہتے تھے وہ
تانے دینے میں تو ماہر تھے وہ
شیشے کے محل میں رہنے والے پتھر کیوں پھنکتے ہو
اپنی بد نصیبی کا زہر مجھے کیوں پلاتے ہو

Digs

You can't clap with one hand they used to say

They were so good at having digs at me

You live in a glass house, why are you throwing stones

Why are you asking me to drink the poisin of your misfortune

Jeene lagi

Jeene lagi main unse milne ke baad

Pyaar ko samajhne lagi unse milne ke baad

Dukh ka andaza nahi tha mujhe

Hua uss ka ehsaas unse bichadne ke baad

جینے لگی

جینے لگی میں انسے ملنے کے بعد
پیار کو سمجھنے لگی انسے ملنے کے بعد
دکھ کا اندازہ نہیں تھا مجھے
ہوا اس کا احساس انسے بچھڑنے کے بعد

I started living

I started living when I met him

I realised what love was when I met him

I never knew what pain was

I realised that when we parted

Kehte the tum

Kehte the tum saath nibhaunga main

Khabi haath chor kar na jaounga main

Palat kar yu gaye, kahin nazar na aye

Toh phir kyu kehte the pyaar tumhara hoon main

کہتے تھے تم

کہتے تھے تم ساتھ نبھاونگا میں
کبھی ہاتھ چھوڑ کر نہ جاؤنگا میں
پلٹ کر یوں گئے کہیں نظر نہ آئے

تو پِھر کیوں کہتے تھے پیار تمہارا ہوں میں

You used to say

You used to say I'll stay by your side

You used to say I'll never let go of your hand

You went away and I couldn't see you anywhere

Why did you say I was your love

Aag

Aag ke saath na khelna seekha tha bachpan mein

Aag se bach ke rehti thi darr darr ke

Meri zindagi ko hi aag laga di ussne

Jalne se jalan hothi hai kitni ye bathaya na tha kissi ne

آگ

آگ کے ساتھ نہ کھیلنا سیکھا تھا بچپن میں
آگ سے بچ کے رہتی تھی ڈر ڈر کے
میری زندگی کو ہی آگ لگا دی اسنے
جلنے سے جلن ہوتی ہے کتنی یہ بتایا نہ تھا کسی نے

Fire

I was taught as a child not to play with fire

I was so afraid of it I used to keep away

He set fire to my life

No one told me how much it hurts when you get burnt

Kagaz

Kagaz lo, kalam lo aur likho apni kahani

Ek tha raja aur ek thi rani

Bachpan ki kahaniyan kyu thagdeer mein nahi likhi

Ab toh toota hai dil aur aansu ka dariya jeseh behta ho paani

كاغذ

كاغذ لو قلم لو اور لكھو اپنی كہانی

ایک تھا راجہ اور ایک تھی رانی

بچپن کی کہانیاں کیوں تقدیر میں نہیں لکھی

اب تو ٹوٹا ہے دِل اور آنسو کا دریا جیسے بہتا ہو پانی

Paper

Get a paper and a pen and write your story

There was once a King and a Queen

Why do childhood stories never become a reality

My heart is broken and tears flow like water in a river

Baat

Baat toh baat hai usse haqeeqath bana kar dikao

Khwaab toh khwaab hai usse jee kar dikhao

Baat mein dham nahi toh khyaali pilau toh math sunao

Bureh toh bohth hain, acha insaan ban ke dikhao

بات

بات تو بات ہے اسے حقیقت بنا کر دکھاؤ
خواب تو خواب ہے اسے جی کر دکھاؤ
بات میں دم نہیں تو خیالی پلاؤ تو مت سناؤ
بُرے تو بہت ہیں اچھا انسان بن کے دکھاؤ

Talk

Words are just words, make them a reality

Dreams are just dreams, live them

If you don't mean what you say then don't say it

There are so many bad people around, just try to be someone good

Dukh

Mere dukh bitane wale mile mujhe kam

Dukh ko badhane wale mil gaye har dham

Aur sehne ki himmat nahi hai mujh mein

Haath jorthi hoon tumhare aage, na dena mujhe gham

دکھ

میرے دکھ بٹانے والے ملے مجھے کم

دکھ کو بڑھانے والے مل گئے ہر دم

اور سہنے کی ہمت نہیں ہے مجھ میں

ہاتھ جوڑتی ہوں تمھارے آگے نہ دینا مجھے غم

Pain

I met few people who would share my pain

I met many who would add to my pain

I don't have the strength to take this now

I plead with you not to upset me any more

Naam

Pairon ke tale dhool ki tarha naam liya tumne hamara

Galti bas ye hi thi meri ke yakeen kiya dubara

Kabil nahi the tum mere pyar ke

Naam mitti mein math milau mera

نام
پیروں کے تلے دھول کی طرح نام لیا تم نے ہمارا
غلطی بس یہ ہی تھی میری کے یقین کیا دوبارہ
قابل نہیں تھے تم میرے پیار کے
نام مٹی میں مت ملاؤ میرا

Name

You said my name as if it was dirt under your feet

My only mistake was trusting you

You were never worthy of my love

Do not mix my name with mud

Khaali haath

Bara ghar, bari garhi, izath chand logon ki aankhon mein

Daulath hi hai na thumhare paas, phansay hue ho iss nadaani mein

Mar kar kafin mein kuch nahi bina chadar ke

Kya muh le kar jaogeh Rab ke ageh

Jinho ne bejah tha tumhe imtihaan dilane

Khaali haath hi jaoge unke saamne

<u>خالی ہاتھ</u>

بڑا گھر ، بڑی گاڑی ، عزت چند لوگوں کی آنکھوں میں

دولت ہی ہے نہ تمہارے پاس ، پھنسے ہوئے ہو اِس نادانی میں

مر کر کفن میں کچھ نہیں بنا چادر کے

کیا منہ لیکر جاؤگے رب کے آگے

جنہوں نے بیجا تھا تمہیں امتحان دلانے

خالی ہاتھ ہی جاؤگے اُنکے سامنے

Empty handed

You have a big car and a big house and are respected by a few

That's all you have though, you are stuck in this bubble

When you die all you will have is the cloth you are wrapped in

How will you face God, who sent you here for a test, when you appear infront of him empty handed

Barsaat

Raat ko khirki khol ke baarish ko sunthi thi main

Aasman rotha tha toh uss se savaal karthi thi main

Kyu rothe ho tum itne baarish ke aansu

Bola aasman, tumhare roye hue aansuon ki barsaat kar raha hoon

برسات

رات کو کھڑکی کھول کے بارش کو سنتی تھی میں
آسمان روتا تھا تو اس سے سوال کرتی تھی میں
کیوں روتے ہو تم اتنی بارش کے آنسو
بولا آسمان ، تمھارے روئے ہوئے آنسوؤں کی برسات کر رہا ہوں

Rainfall

I would open the window at night and listen to the rain

The sky would cry and I would question it

"Why do you cry so many tears"

The sky replied "these are all the tears you have cried"

<u>Dil kaanch ka</u>

Dil kaanch ka hota hai

Sambaal ke isse rakho

Kagaz mein bhi silvat aa jaye

Toh usseh nikaal na sako

<u>دِل کانچ کا</u>
دِل کانچ کا ہوتا ہے
سنبھال کے اسے رکھو
کاغذ میں بھی سلوٹ آ جائے
تو اسے نکال نہ سکو

<u>Heart of glass</u>

Your heart is made of glass

Be sure to look after it

Even when a paper has a crease in it

You can't get it out again

Khamosh hoon main

Khamosh hoon main, ye mera acha pan hai

Bezthi kar rahe ho, ye tumhara bacha pan hai

Khamosh hoon main, ye mera acha pan hai

Chup ho jao, ye hi mera mashvara hai

Khamosh hoon main, ye mera acha pan hai

Meri nigah mein ghir rahe ho, ye tumhara hi kiya hai

Khamosh hoon main, ye mera acha pan hai

Bole hue lafz wapas nahi le sakte, ye hi tumhara gunaah hai

Khamosh hoon main, ye mera acha pan hai

Zubaan ko lagaam doh, iss mein hi thumhari balai hai

Khamosh hoon main, ye mera acha pan hai

Bachi hui izath rakh lo, ab bhi waqth hai

Khamosh hoon main, ye mera acha pan hai

خاموش ہوں میں

خاموش ہوں میں یہ میرا اچھا پن ہے
بےعزتی کر رہے ہو یہ تمہارا بچہ پن ہے

خاموش ہوں میں یہ میرا اچھا پن ہے
چُپ ہو جاؤ یہ ہی میرا مشورہ ہے

خاموش ہوں میں یہ میرا اچھا پن ہے
میری نگاہ میں گر رہے ہو یہ تمہارا ہی کیا ہے

خاموش ہوں میں یہ میرا اچھا پن ہے
بولے ہوئے لفظ واپس نہیں لے سکتے یہ ہی تمہارا گنا ہے

خاموش ہوں میں یہ میرا اچھا پن ہے
زبان کو لگام دو اِس میں ہی تمھاری بھلائی ہے

خاموش ہوں میں یہ میرا اچھا پن ہے
بچی ہوئی عزت رکھ لو اب بھی وقت ہے

خاموش ہوں میں یہ میرا اچھا پن ہے

I am quiet

I am quiet, that is the goodness in me

You are putting me down, that is the childishness in you

I am quiet, that is the goodness in me

Don't say a word now, that's my advice

I am quiet, that is the goodness in me

You are falling in my eyes, it is your own doing

I am quiet, that is the goodness in me

You can't take back spoken words, that is your mistake

I am quiet, that is the goodness in me

Control your tongue, it's better for you

I am quiet, that is the goodness in me

Keep what respect you have left, there is still time

I am quiet, that is the goodness in me

Maa Baap

Maa Baap se judaa hone ka dukh hi kuch aur hai

Doosron ke gharon ko abaad dekh kar jalti nahi main

Udaas sa dil hota hai, meri kismath hi kuch aisi

Badal diya mujhe kismath ne, main nahi rahi waisi

ماں باپ

ماں باپ سے جدا ہونے کا دکھ ہی کچھ اور ہے

دوسروں کے گھروں کو آباد دیکھ کر جلتی نہیں میں

اداس سا دِل ہو تا ہے ، میری قسمت ہی کچھ ایسی

بَدَل دیا مجھے قسمت نے ، میں نہیں رہی ویسی

Mum and dad

The pain of seperating from parents is different to any other pain

I see other families happy and never get jealous

I get upset that my destiny was such

It has changed me as a person, i'm not the same anymore

Apna naam banaogi

Kehte the mujhe na kabhi kuch ban paogi

Laut kar hamare darr parr hi aao gi

Ab dekh lo na mujhe ek baar

Kyu nahi kaha tha mujhe tum apna naam banaogi

اپنا نام بناوگی
کہتے تھے مجھے نہ کبھی کچھ بن پاؤگی
لوٹ کر ہمارے در پر ہی آؤگی
اب دیکھ لو نہ مجھے ایک بار
کیوں نہیں کہا تھا مجھے تم اپنا نام بناوگی

A name for yourself

They said to me you will never do anything

You will always come back to us

Take a look at me now though

Why didn't you say "you will make a name for yourself"

Bass rehne do

Bass rehne doh, na poocho haal mera

Kya haal baar baar bataun iss dard-e-dil ka

Main itni khushnaseeb nahin jitna tumne samjha tha

Bass rehne doh, na poocho haal mera

Na chero mere dard ko iss tarha tum

Nahi zubaan se bol sakti ab apne gham

Bass rehne doh, na poocho haal mera

Toot gayi hoon main, ab kuch nahi raha

Jiss khushi ko dhoond rahe ho, nahi milegi yahan

Bass rehne doh, na poocho haal mera

Jeeti hoon khamoshi se toh jee lene doh

Aansu ghirteh hain toh ghir lene doh

Bass rehne doh, na pooch haal mera

بس رہنے دو

بس رہنے دو نہ پوچھو حال میرا
کیا حال بار بار بتاؤں اِس دردِ دل کا
میں اتنی خوشنصیب نہیں جتنا تم نے سمجھا تھا
بس رہنے دو نہ پوچھو حال میرا
نہ چھیڑو میرے درد کو اِس طرح تم
نہیں زباں سے بول سکتی اب اپنے غم
بس رہنے دو نہ پوچھو حال میرا
ٹوٹ گئی ہوں میں اب کچھ نہیں رہا
جس خوشی کو ڈھونڈ رہے ہو نہیں ملے گی یہاں
بس رہنے دو نہ پوچھو حال میرا
جیتی ہوں خاموشی سے تو جی لینے دو
آنسو گر تے ہیں تو گر لینے دو
بس رہنے دو نا پوچھو حال میرا

Just leave it

Just leave it, don't ask how I am

How can I explain what I feel in my heart

I am not as lucky as you thought

Just leave it, don't ask how I am

Don't mess with my feelings

I can't find the words to say what I feel

Just leave it, don't ask how I am

I am broken, there is nothing left

The happiness you are looking for, you won't find here

Just leave it, don't ask how I am

If I am living in silence then just let me

If my tears fall then let them

Just leave it, don't ask how I am

Lakeerein

Rab se poocha maine kyu likhi hain ye lakeerein

Kaha unho ne, ye hi hai unki taqdeerein

Kaha maine unse, kyu likha hai itna dukh

Kaha unho ne, ye tho imtihaan hai, seh lo, mil jayega aage sukh

لکیریں

رب سے پوچھا میں نے کیوں لکھیں ہیں یہ لکیریں
کہا انہوں نے یہ ہی ہے انکی تقدیریں
کہا میں نے انسے کیوں لکھا ہے اتنا دکھ
کہا انہوں نے ، یہ تو امتحان ہے سہ لو ، مل جائیگا آگے سکھ

Lines

I asked God "why have you written these lines"

He replied "this is your fate"

I asked him "why have you written so much sadness for me"

He replied "This is a test, endure it and you will be given happiness"

Gille

Gille shikve ab kiss se karu

Kisse sunaon apne dil ki baat

Haal mera koi samajtha hi nahi

Toh phir khelte kyu hain woh dil ke saath

گِلے

گِلے شکوے اب کس سے کروں
کسے سناؤں اپنی دِل کی بات
حال میرا کوئی سمجھتا ہی نہیں
تو پِھر کھیلتے کیوں ہیں وہ دِل کے ساتھ

Complaints

Who can I share my sorrows with now

Who can I tell how I feel

No one understands me

So why do they play with my feelings

Raaz

Aao betoh ek raaz sunaon

Mere raaz ko raaz hi rakhna

Jitna bhi poochein log unko na batana

Meri bachi hui zindagi ko mazaak na banana

راز

آؤ بیٹھو ایک راز سناؤں
میرے راز کو راز ہی رکھنا
جتنا بھی پوچھیں لوگ ان کو نہ بتانا
میری بچی ہوئی زندگی کو مذاق نہ بنانا

Secret

Come here, sit down let me tell you a secret

Make sure you keep this a secret

No matter how much someone asks you, never ever tell them

Don't turn the life I have left into a mockery.

Fajr ki Namaaz

Fajr ki Namaaz parh kar sakoon aya

Yaad kar ke mere Rab ko jo dil mein hi samaiya

Apne liye manga kuch nahi, baaki sab ke liye maanga

Deh diya sab kuch Rab ne mujhe aur kaha, tumne ye hi paya.

فجر کی نماز

فجر کی نماز پڑھ کر سکون آیا

یاد کر کے میرے رب کو جو دِل میں ہی سمایا

اپنے لیے مانگا کچھ نہیں باقی سب کے لیے مانگا

دے دیا سب کچھ رب نے مجھے اور کہا تم نے یہ ہی پایا

The Fajr Prayer

I read my prayers and felt at peace

I remembered God and felt content

I didn't ask for anything for myself, but asked for everyone else

God gave me everything and said "this is what you deserve"

Mothi bikhar gaye

Mothiyo ko pirhona kya

Woh toh ghir gaye haath se

Hazaaron ke hisaab se

Pakreh the haath mein

Woh mothi nahi mere khwaab the

Aankhon ke samne hi bikhar gaye

Utathi utathi thak gaye main

Unhi par pisal ke ghir gayi main

Kya karungi ab in bikhre hue khwaabon ka

Ye khwaab nahi mere naseeb the

Ghir kar utna toh seekh liya maine

Apne aap hi sambalna seekh liya maine

موتی بکھر گئے

موتیوں کو پِرونا کیا
وہ تو گر گئے ہاتھ سے
ہزاروں کے حساب سے
پکڑے تھے ہاتھ میں

وہ موتی نہیں میرے خواب تھے
آنکھوں کے سامنے ہی بکھر گئے
اٹھاتی اٹھاتی تھک گئی میں
انہی پر پھسل کے گر گئی میں

کیا کروں گی اب ان بھکرے ہوئے خوابوں کا
یہ خواب نہیں میرا نصیب تھا
گر کر اٹھنا تو سیکھ لیا میں نے
اپنے آپ ہی سمبھلنا سیھک لیا میں نے

The Pearls fell

Forget threading pearls

They all fell out of my hands

Thousands of them I was holding

They were not pearls, they were my dreams

They scattered before my eyes

I got tired of picking them up

I slipped on them and fell

What will I do with these scattered pearls

They aren't even my dreams but my destiny

I learnt how to get back up

I learnt how to look after myself

Zaroorat

Zaroorat apni kabhi kisi ko nahi banoungi main

Kisi aur ke sahare ab nahi jiungi main

Allah saath hain toh kisi ka sahara main kyu loon

Ibadat mein hi puri zindagi guzaar dungi main

ضرورت
ضرورت اپنی کبھی کسی کو نہیں بناوں گی میں
کسی اور کے سہارے اب نہیں جیوں گی میں
اللہ ساتھ ہے تو کسی کا سہارا میں کیوں لوں
عبادت میں ہی پوری زندگی گزار دوں گی میں

Need

I will never make anyone my need

I will never rely on anyone

If God is with me then I don't need anyone

I will live my life worshipping him

Dosth

Na koi gila shikva, na koi narazgi

Jo ho gaya so ho gaya, raat gayi toh baat gayi

Choro ab un baaton ko, dushmani ka shohk nahin mujhe

Dosti ke naate hi main nahi tukroungi thujhe

Kami kisi cheez ki na chori thune

Mere din raat ab kar diyeh sune

Phir bi dosth hoon main thumhari ye hai mera vaada

Apni baat ki main hoon pakki, jo chahe ho thumhara iradha

دوست

نہ کوئی گلہ شکوہ ، نہ کوئی ناراضگی
جو ہو گیا سو ہو گیا ، رات گئی تو بات گئی
چھوڑو اب ان باتوں کو ، دشمنی کا شوق نہیں مجھے
دوستی کے ناتے ہی میں نہیں ٹھکراوں گی تجھے

کمی کسی چیز کی نہ چھوڑ ی تو نے
میرے دن رات اب کر دیے سو نے
پھر بھی دوست ہوں میں تمہاری یہ ہے میرا وعدہ
اپنی بات کی میں ہوں پکی ، جو چاہے ہو تمہارا ارادہ

<u>Friend</u>

I have no complaints nor have I fallen out with you

What has happened has happened, it's a new day now

Forget the past, I don't want to make an enemy

For the sake of our friendship I won't let you go

You didn't fail in your quest

My days and nights were so silent without you

I am still your friend I promise you

I am true to what I say, no matter what you intend to do

Tamasha

Na dekho kisi ki zindagi ka tamasha

Na jaane waqt kab palat jaye

Aaj vo aapki nazaron mein girein

Aur kal aap unki nazaro mein gir jaein

تماشا
نہ دیکھو کسی کی زندگی کا تماشا
نہ جانے وقت کب پلٹ جائے
آج وہ آپکی نظروں میں گریں
اور کل آپ انکی نظروں میں گر جائیں

A show

Don't watch anyones life become a grand show

You dont know when the tables will turn

Today they fall in your eyes

Tommorrow you will fall in their eyes

Kamyaabi

Apni kamyaabi ka na bathao duniya ko

Pehle manzil parr toh ponch jao, kehte the woh

Na sunni ek bhi unki, sabko apna samaj ke bathati rahi

Nazar laga di sab ne mujhe, chora kisi bhi kaam ka nahi

کامیابی

اپنی کامیابی کا نہ بتاو دُنیا کو

پہلے منزل پر تو پہنچ جاؤ ، کہتے تھے وہ

نہ سنی ایک بھی انکی ، سب کو اپنا سمجھ کے بتاتی رہی

نظر لگا دی سب نے مجھے ، چھوڑا کسی بھی کام کا نہیں

Success

Don't tell anyone of your success

Reach your destination first, he used to say

I never listened, I told everyone as if they were my own

They got jealous and gave me the evil eye, I was left with nothing

Jahez

Nahi ayenge thumhari shaadi mein

Kahin jahez na dena par jaye

Shaadi ja kar khud kar lo tum

Jo bhi tumhe mil jaye

Hameh toh parwa nahi

Na kabhi thi, na hai, na hogi

Aaj tumhe yakeen nahi aya

Toh kal yakeen kar lo gi

Larki main akeli thi

Akeli zindagi hi guzaari

Na koi saath kisi apne ka

Akeli apni raah hi jaa rahi thi

Mila ek din koi ajnabi

Haal mera poocha usne

Jo savaal kabi kisi ne na poocheh

Woh savaal poocheh mujhse

Shaadi parr woh baat le aya

Kaha shaadi karunga main thumse

Jiss shaadi ka kabhi socha na tha

Woh ki maine phir unse

Dhoom dhaam se shaadi manani nahi maine

Bass maine kaha nikah tum parva lo

Akeli hoon main, koi nahi mera

Log kahenge na wida ho

Logon ki kabh thak sunno gi tum

Kaha usne, dekh baal kisne thumhari ki

Dhoom dhaam se shaadi manainge

Ab tumhe har khushi milegi

<u>جہیز</u>

نہیں آئینگے تمہاری شادی میں
کہیں جہیز نہ دینا پڑ جائے
شادی جا کر خود کر لو تم
جو بھی تمہیں مل جائے

ہمیں تو پرواہ نہیں
نہ کبھی تھی ، نہ ہے ، نہ ہوگی
آج تمہیں یقین نہیں آیا
تو کل یقین کر لو گی

لڑکی میں اکیلی تھی
اکیلی زندگی ہی گزاری
نہ کوئی ساتھ کسی اپنے کا
اکیلی اپنی راہ ہی جا رہی تھی

ملا ایک دن کوئی اجنبی
حال میرا پوچھا اس نے
جو سوال کبھی کسی نے نہ پوچھے

وہ سوال پوچھے مجھ سے

شادی پر وہ بات لے آیا
کہا شادی کرونگا میں تمسے
جس شادی کا کبھی سوچا نہ تھا
وہ کی میں نے پِھر انسے

دھوم دھام سے شادی منانی نہیں میں نے
بس میں نے کہا نکاح تم پڑواہ لو
اکیلی ہوں میں کوئی نہیں میرا
لوگ کہیں گے نہ ویداح ہو

لوگوں کی کب تک سنو گی تم
کہا اس نے دیکھ بھال کس نے تمہاری کی
دھوم دھام سے شادی ماناینگے
اب تمہیں ہر خوشی ملے گی

Dowry

We won't be there at your wedding

We do not want to give you any dowry

Go and get married yourself

Find whoever you like

We do not care about you

We never did, we don't and never will

If today you don't believe us

Then tomorrow you definatley will

I was a girl all on my own

I lived my life by myself

No family was ever there for me

I was walking all alone

I met a stranger one day

He asked me how I was

He started to ask me questions

That no one ever asked

He bought the conversation round to marriage

"I am going to marry you" he said

I never had thought about marriage

But I went on to marry him

"We will have a big wedding" he told me

"I just want to recite my vows" I said

"I am alone, I don't have anyone

People won't want to see me get married"

"How long will you listen to these people

They never looked after you" he said

"We are going to have a huge celebration

You will have every happiness now"

Kyu

Baat kyu nahi karte mujhse

Itni naraazgi kyu

Sitham thumhare sahe maine

Ab itni mayoosi kyu

Kya nahi diya tha maine

Mujhse hi root gaye yu

Apne hisse ki khushiya di thi tumhe

Abh ye chupa chupi kyu

Peleh toh maan jaya karte the

Itni akar kyu

Manana tumhe rohz rohz mera kaam nahi

Ab itni behremi kyu

کیوں

بات کیوں نہیں کرتے مجھ سے
اتنی ناراضگی کیوں
ستم تمہارے سہے میں نے
اب اتنی مایوسی کیوں

کیا نہیں دیا تھا میں نے
مجھ سے ہی روٹھ گئے یوں
اپنے حصے کی خوشیاں دی تھی تمھیں
اب یہ چھپا چھپی کیوں

پہلے تو مان جایا کرتے تھے
اتنی آکر کیوں
منانا تمہیں روز روز میرا کام نہیں
اب اتنی بے رحمی کیوں

Why

Why don't you talk to me now

Why are you so upset

I was the one who put up with you

Now why such hoplessness

What didn't I give to you

Now you're upset with me

I gave you my share of happiness

Now why are you hiding from me

Before you used to give in

Why are you so stubborn now

It's not my job to talk you round every time

Why are you so relentless now

Thanhai

Thanhai mein saath nahi tha kisi ka

Sayeh ne bi saath chor diya

Aineh mein dekhti thi toh

Aks bhi nahi nazar aya

تنہائی

تنہائی میں ساتھ نہیں تھا کسی کا
سائے نے بھی ساتھ چھوڑ دیا
آئینے میں دیکھتی تھی تو
عکس بھی نہیں نظر آیا

Loneliness

I was alone and no one was beside me

My shadow even left my side

I would look in the mirror

I wouldn't even see my own reflection

Aetbaar

Aetbaar karna toh koi mujhse pooche

Jisneh aetbaar kar ke puri zindagi bitai ho

Dard-e-dil ka haal koi mujhse poocheh

Jisneh tokrein khaa kar zindagi bitai ho

اعتبار

اعتبار کرنا تو کوئی مجھ سے پوچھے
جس نے اعتبار کر کے پوری زندگی بتائی ہو
دردِ دل کا حال کوئی مجھ سے پوچھے
جس نے ٹھوکریں کھا کر زندگی بتائی ہو

Trust

Ask me about trusting someone

I have trusted all my life

Ask me how I feel now

I have stumbled all my life

Ehsaas

Kuch bhi nahi tha mere paas

Ehsaas essa dilaya usne

Pessoh ki baat karte the woh

Ab kho diya sab usne

احساس

کچھ بھی نہیں تھا میرے پاس
احساس ایسا دلایا اسنے
پیسوں کی بات کرتے تھے وہ
اب کھو دیا سب اسنے

Realisation

I had nothing

He made me realise that

He would only ever talk about his money

Now he is the one who has nothing

Behan

Chor diya apna ghar, chor diya mazhab

Paa liya ek aur parivar, parr mujhe mili na tum tab

Dethi main thumhe sahara, rakti main apne ghar

Itna bhara kadam liya, saara bojh thumhare kando par

Mili thi ek rohz mujhe, sunayi apni kahani

Yakeen nahi aya mujhe, woh thi meri nadaani

Pyar ke liyeh mazhab chor kar Islam apnaya thune

Band kar diye darvazeh, na pukara phir unho ne

Uss hi naam ki ab mil gayi hai behan thujhe

Apna samaj kar baant lena dukh mujhse

Har khushi Rab thumhare kadmo mein rakh de

Behan hoon main thumhari, woh dua sun li usne

Kiran agayi ab zindagi mein phir se

Chor kar jise ayi ho woh dhoond lo mujh mein

بہن

چھوڑ دیا اپنا گھر ، چھوڑ دیا مذہب
پاہ لیا ایک اور پریوار ، پر مجھے ملی نہ تم تب

دیتی میں تمہیں سہارا ، رکتھی

میں اپنے گھر
اتنا بڑا قدم لیا ، سارا بوجھ تمہارے کندھوں پر

ملی تھی اک روز مجھے ، سنائی اپنی کہانی
یقین نہیں آیا مجھے ، وہ تھی میری نادانی

پیار کے لیے مذہب چھوڑ کر اسلام اپنایا تم نے

بند کر دیے دروازے ، نہ پکارا پھر انہوں نے

اس ہی نام کی اب مل گئی ہے بہن تجھے
اپنا سمجھ کر بانٹ لینا دکھ مجھ سے

ہر خوشی رب تمہارے قدموں میں رکھ دیں
بہن ہوں میں تمہاری ، وہ دعا سن لی اس نے

کرن آگئی اب زندگی میں پھر سے
چھوڑ کر جسے آئی ہو وہ ڈھونڈ لو مجھ میں

Sister

You left behind your house, you left behind your religion

You gained another family but I hadn't met you then

I would have supported you, I would have let you stay with me

You took such a big step all on your own

I met you one day and you told me your life story

I didn't believe what you were saying, that was my ignorance.

You left your religion for your love and converted to Islam

They closed their doors to you and never called you back.

You have now found a sister of the same name

Think of me as your own and share your pain

May God give you every happiness

I have come as your sister, he has heard your prayers

Kiran has come into your life again

The sister you left behind, find her in me.

Maa, baap ka saiya

Umeed kabhi rakhi na thi unse kisi cheez ki

Socha na tha badalthe hain naseeb bhi

Pyar diya itna jo kabhi koyi na laya

Aa gaye woh ban ke maa baap ka saya

Namumkin ko mumkin kar diya unho ne

Beti bana kar kuch daal diya hatheli mein

Hatheli kholi toh yakeen nahi aya

Aa gaye woh banke maa baap ka saya

"Rakho ab yeh tum, thumhari amanat"

Bitai thi zindagi unho ne kar ke mehnat

Madath kar ke sakoon unho ne paya

Aa gaye woh banke maa baap ka saya

ماں باپ کا سایہ

امید کبھی رکھی نہ تھی انسے کسی چیز کی
سوچا نہ تھا بدلتے ہیں نصیب بھی
پیار دیا اتنا جو کبھی کوئی نہ لایا
آگئے وہ بنکے ماں باپ کا سایہ

نہ ممکن کو ممکن کر دیا انہوں نے
بیٹی بنا کر کچھ ڈال دیا ہتھیلی میں
ہتھیلی کھولی تو یقین نہیں آیا
آگئے وہ بنکے ماں باپ کا سایہ

رکھو اب یہ تم ، تمہاری آمانت
بتائی تھی زندگی انہوں نے کر کے محنت
مدد کر کے سکون انہوں نے پایا
آگئے وہ بن کر ماں باپ کا سایہ

Mum and dads shadow

I never expected anything from them

I never thought my life would change

They gave me the love no one gave me

They came as my mum and dads shadow

They made the impossible possible

They said I was their daughter and placed something in my hand

I opened my hand and couldn't believe my eyes

They came as my mum and dads shadow

"Keep this now" they said, "this is yours

I have worked hard all my life

Helping you has brought me peace"

They came as my mum and dads shadow

Khoon ke rishte

Khane ke bhi paise nahi the

Toh saath nahi chora un logo ne

Jin ke liye insaan anmol the

Mere dil mein naam bana liya un logo ne

Anjane log hi apne ban gaye

Khoon ke rishton mein kya rakha tha

Apne toh ghair ho gaye

Khoon se toh paani hi gehra tha

خون کے رشتے

کھانے کے بھی پیسے نہیں تھے
تو ساتھ نہیں چھوڑا ان لوگوں نے
جن کے لیے انسان انمول تھے
میرے دِل میں نام بنا لیا ان لوگوں نے

انجانے لوگ ہی اپنے بن گئے
خون کے رشتوں میں کیا رکھا تھا
اپنے تو غیر ہو گئے
خون سے تو پانی ہی گہرا تھا

Blood relations

There was a time I didn't even have money for food

Those people stayed by my side

In their eyes people were precious

They made their names in my heart

Strangers became my own

What is there in blood relations

My own became strangers

Water became thicker than blood

Kuch bhi nahi

Mujhe poochoh zindagi kesse jee hai maine

Ek waqt tha jab kuch bhi nahi tha apna

Duao ke siva kuch nahi manga tha maine

Khuda ne kaha bhool jao abh, aur nahi thumne thadapna

کچھ بھی نہیں

مجھے پوچھو زندگی کیسے جی ہے میں نے
ایک وقت تھا جب کچھ بھی نہیں تھا اپنا
دعاؤں کے سوا کچھ نہیں مانگا تھا میں نے
خدا نے کہا بھول جاؤ اب ، اور نہیں تم نے تڑپنا

Nothing

Ask me how I lived my life

There was a time I had nothing

I asked nothing but for others to pray for me

God gave me everything and said "your suffering ends here"

Akhri Mulakat

Agar patha hota woh akhri mulaqat thi

Ek baar phir gale se lagathi

Jee barr ke tumhe dekh lethi

Wapas aane ki kassam chukka lethi

Dhoondti pirthi hoon tumhe har jaga

Nahi yakeen atha thumne di ye daga

Chalte chalte aa chuki hoon us morr pe

Jahan uss din bichar gaye the mujhse

آخری ملاقات

اگر پتا ہوتا وہ آخری ملاقات تھی
ایک بار پھر گلے سے لگاتی
جی بھر کے تمہیں دیکھ لیتی
واپس آنے کی قسم چکا لیتی

ڈھونڈتی پھرتی ہوں تمہیں ہر جگہ
نہیں یقین آتا تمہیں دی یہ دغا
چلتے چلتے آ چکی ہوں اس موڑ پہ
جہاں اس دن بچھڑ گئے تھے مجھ سے

<u>Last meeting</u>

If I had known that was our last meeting

I would have hugged you once more

I would have looked into your eyes again

And made you swear on my life you would return

Now I'm just looking for you everywhere

I still can't believe how deceiteful you were

I walk and end up there again

The same place I lost you

Maafi

Maaf karna toh koi mujhse seekhe

Jisne maaf kiya ho un sab ko

Kitno ne akhir dard diya

Patha hi nahi chala unko

Patha laga bhi toh phir kya hua

Apne gunah mane hi nahi

Jaisi karni waisi bharni

Sabak sikhayegi zindagi wohi

Dil dukha kar khush nahi rahoge

Yeh hai badua ka naam

Na kisi ko khabi rulao

Dekh lena uska anjaam

معافی

معاف کرنا تو کوئی مجھ سے سیھکے
جس نے معاف کیا ہو سب کو
کتنوں نے آخر درد دیا
پتہ ہی نہیں چلا ان کو

پتہ لگا بھی تو پھر کیا ہُوا
اپنے گناہ مانے ہی نہیں
جیسی کرنی ویسی بھرنی
سبق سکھاے گی زندگی وہی

دِل دکھا کر خوش نہیں رہوگے
یہ ہے بدعا کا نام
نہ کسی کو کبھی رلاؤ
دیکھ لینا اسکا انجام

Forgiveness

Learn how to forgive from me

I have forgiven so many

So many people hurt me

They didn't even realise

When they did come to know what difference did it make

They never admitted their mistake

What goes around comes around

Life taught them that eventually

You will never be happy if you hurt someone

That is what karma is

Don't ever make anyone cry

It will come back to you

<u>Laut kar aya hoon</u>

Sikhaya mujhe bohth phir woh bhi challa gaya

Laut kar aneh ki umeed nahi rakhi thi

Par aa hi woh gaya

Maaf karna tum meri nadaani, ye kehne aya hoon

Tum achi thi par burah maine kiya

Maafi maangne aya hoon

Insaaniath ke naate maaf kiya usse

Dil mein kuch nahi rakha kabhi maine

Tumne maafi maangi, itna hi kaafi hai

Ab chali main apni zindagi rehne

لوٹ کر آیا ہوں

سیکھایا مجھے بہت پھر وہ بھی چلا گیا
لوٹ کر آنے کی امید نہیں رکھی تھی
پر آ ہی وہ گیا

معاف کرنا تم میری نادانی ، یہ کہنے آیا ہوں
تم اچھی تھی پر برا میں نے کیا
معافی مانگنے آیا ہوں

انسانیت کے ناتے معاف کیا اسے
دِل میں کچھ نہیں رکھا کبھی میں نے
تم نے معافی مانگی ، اتنا ہی کافی ہے
اب چلی میں اپنی زندگی رہنے

<u>I have come back</u>

He taught me so much then he too dissapeared

I never thought he would come back

But he did...

Please forgive me for my ignorance, I have come to say this

You were good to me, I was bad to you

I have come to apologise

I have forgiven you, I told him

There is nothing bad in my heart

You have asked for forgiveness, that is enough

Now just let me live my life

Saal gira Mubarak

Saal gira mubarak thumhe, yeh hai thofa tumhara

Jo manga tha woh le diya, faisla ahsaan tha humara

Cheezo ki kami nahi thi tumhe, bass manga tha tumne pyaar

Maaf karna main na woh deh saka, ishq ki baazi mein ho gaya haar

Mathlabi tum nahi ho, par ye main samjtha nahi

Jessa main, waise hi tum samja main yahi

Ek baar phir mukh mor liya, thor diya tumhara dil

Bohat hi rulaya thumhe, ab nahi karunga thumhe haasil

Kaha tha tumne naa dil thorna naazuk

Maaf karna mujhe, diye tumhe ye dukh

Apne hi vadeh nibhane wala nahi main insaan

Bohat kaha tha tumhe ke tum ho meri jaan

Jaan ko keseh alag kiya apne aap se

Socha maine jab badua nikli tumhare dil se

Maaf karna mujhe nahi aata mujhe pyaar

Kiya tha maine thumse jootah izhar

سال گرا مبارک

سال گرا مبارک تمہیں ، یہ ہے تحفہ تمہارا
جو مانگا تھا وہ لے دیا ، فیصلہ آسان تھا ہمارا

چیزوں کی کمی نہیں تھی تمہیں ، بس مانگا تھا تم نے پیار
معاف کرنا میں نہ وہ دے سکا ، عشق کی بازی میں

گیا ہار
مطلبی تم نہیں ہو ، پر یہ میں سمجھتا نہیں
جیسا میں ، ویسی ہی تم سمجھا میں یہی

ایک بار پِھر مکھ موڑ لیا ، توڑ دیا تمہارا دِل

بہت ہی رلایا تمہیں

اب نہیں کرونگا تمہیں حاصل

کہا تھا تم نے نہ دِل توڑنا نازک
معاف کرنا مجھے ، دیے تمہیں یہ دکھ
اپنے ہی وعدے نبھانے والا نہیں میں انسان

بہت کہا تھا تمہیں کے تم ہو میری جان

جان کو کیسے الگ کیا اپنے آپ سے
سوچا میں نے جب بدعا نکلی تمہارے دِل سے
معاف کرنا نہیں آتا مجھے پیار
کیا تھا میں نے تمسے جھوٹا اظہار

Happy birthday

Happy birthday to you, look here is your gift

I bought you what you wanted, it was an easy decision for me

You were never short of anything, you only asked to be loved

I apologise I couldn't give you that

You were never a user but I never understood that

I thought you were just like me

I have turned my back on you once again, I know I have broke your heart

I have made you cry so much and I have lost you forever

You asked me never to break your heart

I am sorry I gave you so much grief

I'm not a man of my word

I used to tell you that you were my life

How did I separate my life from me

I asked myself when you told me I hurt you

Forgive me I don't know how to love

I lied to you from the start

Dukh

Dukh chupa hai is hassi ke peeche

Nazuk sa dil hai is pathar ke neeche

Pehchana mujhe kisi ne nahi

Chupaya apne aap ko is chehre ke peeche

دکھ

دکھ چھپا ہے اِس ھسی کے پیچھے
نازک سا دِل ہے اِس پتھر کے نیچے
پہچانا مجھے کسی نے نہیں
چھپایا اپنے آپ کو اِس چہرے کے پیچھے

Sadness

Pain is hidden behind this laughter

A sensitive heart is under this heart of stone

No one has recognised me for who I am

I have hidden myself behind a mask

Khuda hafiz

Ghar se bahir jaane se pehle Khuda hafiz kaha karte hain

Wapas au ya na au is ka faisla Khuda kiya kartein hain

Baad mein pashthane ka koi faidah nahi

Pyaar se alvida kaha karte hain

خدا حافظ

گھر سے باہر جانے سے پہلے خدا حافظ کہا کرتے ہیں
واپس آو یا نہ آو اِس کا فیصلہ خدا کیا کرتے ہیں
بعد میں پچھتانے کا کوئی فائدہ نہیں
پیار سے الوداع کہا کرتے ہیں

Goodbye

Before you leave always says "May God be your guardian"

After all it's up to God if we return home or not

Don't regret it later

Say bye with love before you leave

Tabraiz

Naam hai mera Tabraiz, khushiya ab le aya hoon

Gham ko ab choro, main hi pyaar tumhara aya hoon

Chor diya saath sab ne, parr na chorunga haath tera

Ye kaha Tabraiz ne mujhse, main hoon beta tera

Maa ab tum ek deewar khari kar doh

Jitna girana chahein na gira sakein woh

Kisi ko gham dene ki gunjaish ka moka na ho

Main ab aya hoon tumhare saath chalne ko

تبریز

نام ہے میرا تبریز خوشیاں اب لے آیا ہوں
غم کو اب چھوڑو میں ہی پیار تمہارا آیا ہوں
چھوڑ دیا ساتھ سب نے ، پر نہ چھوڑوں گا ہاتھ تیرا
یہ کہا تبریز نے مجھ سے ، میں ہوں بیٹا تیرا

ماں اب تم ایک دیوار کھڑی کر دو
جتنا گرانا چاہے نہ گرا سکے وہ
کسی کو غم دینے کی گنجائش کا موقع نہ ہو
میں اب آیا ہوں تمہارے ساتھ چلنے کو

Tabraiz

My name is Tabraiz, I have brought happiness into you life

Forget all the sadness, I am the love of your life

Everyone left but I will never let go of your hand

Tabraiz said to me "I am your Son"

Mum now you must build a wall

No matter how much they try they can never knock it down

Don't give anyone the chance to make you unhappy

I am here now to walk by your side

Dafanakar mujhe

Dafanakar mujhe ja rahe ho

Thori dher aur ruk jao

Baatein karo mere saath ab tum

Baaki sab ko bhi le ao

Larte the tum mere saath

Badua dete the mujhe

Na girao apne aansu meri kabar parr ab

Nahi apna gunegaar samajhti tujhe

دفنا کر مجھے

دفنا کر مجھے جا رہے ہو
تھوڑی دیر اور رک جاؤ
باتیں کرو میرے ساتھ اب تم
باقی سب کو بھی لے او

لڑتے تھے تم میرے ساتھ
بدعا دیتے تھے مجھے
نہ گراؤ اپنے آنسو میری قبر پر اب
نہیں اپنا گناہگار سمجھتی تجھے

My Burial

You have buried me and are walking away

Just stop for a little while

Stay here and talk to me

Tell them all to come here too

You used to fight with me

You used to curse me all the time

Don't let your tears fall on my grave now

I do not hold you my culprit

Shaadi ka faisla

Koi majboori nahi thi pirr kyu ghar walo ki baat maan beteh
Kisi se samjota kar liya
Ab na ansoo bahou iss kiye hue faisle pe

Pashtane ka ab faida nahi, kuch karo ab tumhi
Apne dil ki baat sunao kisi ko
Jhooti zindagi reh rahe ho yu hi

Tumne toh inkaar bi nahi kiya aur rishto ki khathir kar li ye shaadi
Un rishto mein kya rakha tha jo ab le aye hai tumhari barbaadi

Ab bhi bach sakte ho tum,
Sunao apni awaz,
laakh chup karaein na chupao tum ye raaz.

Ye faisla tumhara nahi tha, bachpan mein kar liya tha ghar walo ne
Zindagi tumhari hai parr thumse poocha thak nahi unho ne

Sacha pyar kho liya tumne, ghar ke rishte mazbooth karne ki khathir
Sab ko toh apni izath ki parhi thi, na khushi thumhari sochi phir

Woh rishte andar andar hi toot kar choor ho gaye
Chupaya thumne sab se aur kitne door ho gaye

Unhe tho Patha hi nahi
kho diya beta unho ne, khudgarz hote hote
Sotheh hai woh araam ki neend parr raat ko tum nahi sotheh

شادی کا فیصلہ

کوئی مجبوری نہیں تھی پھر کیوں گھر والوں کی بات مان بیٹھے

کسی سے سمجھوتہ کر لیا ، اب نہ آنسو بہاؤ اِس کیے ہوئے فیصلے پہ

پچھتانے کا اب فائدہ نہیں ، کچھ کرو اب تم ہی
اپنے دِل کی بات سناؤ کسی کو ، جھوٹی زندگی رہ رہے ہو یوں ہی

تم نے تو انکار بھی نہیں کیا اور رشتوں کی خاطر کر لی یہ شادی
ان رشتوں میں کیا رکھا تھا جو اب لے آئے ہیں تمہاری بربادی

اب بھی بچ سکتے ہو تم ، سناؤ اپنی آواز ، لاکھ چُپ کرائیں نہ چھپاؤ تم یہ راز

یہ فیصلہ تمہارا نہیں تھا ، بچپن میں کر لیا تھا گھر والوں نے
زندگی تمہاری ہے پر تمسے پوچھا تک نہیں انہوں نے

سچا پیار کھو لیا تم نے ، گھر کے رشتے مضبوط کرنے کی خاطر
سب کو تو اپنی عزت کی پڑھی تھی ، نہ خوشی تمہاری سوچی پھر

وہ رشتے اندر اندر ہی ٹوٹ کر چور ہو گئے
چھپایا تمنے سب سے اور کتنے دور ہو گئے

انہیں تو پتا ہی نہیں کھو دیا بیٹا انہوں نے ، خود غرض ہوتے ہوتے
سوتے ہیں وہ آرام کی نیند پر رات کو تم نئی سوتے

Arranged marriage

You were not helpless so why did you agree to what they said

You made this agreement, now don't cry at your decision

There is no point in regretting it now, do something about it

Tell someone what you feel in your heart, you are living a fake life like this

You didn't refuse and got married for the sake of strengthening relations

What was it about them relations. It was them that destroyed you

You can still save yourself from this, let them hear your voice

Don't let anyone stop you from speaking up, don't keep this a secret.

It wasn't really your decision, they decided your future when you were a child

It is your life but your family didn't even ask you how you wanted to live it

You lost your true love, all just to bring your family closer together

They only cared about their self respect, your happiness didn't matter.

Deep down them relations broke down and were destroyed

You hid it from everyone and drifted so far apart

They don't even know, they have lost their son through their own selfishness.

They sleep peacefully at night but you don't sleep any more

Jeeyoh

Zindagai na jeene ki kassam kha chukeh the woh

Sunah maine aur sahara diya unhe

Kisi aur ki vaja se ho jaoge Allah ko pyareh

Jab tum tho gulaam ho unke

Waqt jab ayega khud hi bulla lenge tumhe

Ke laut kar ajao mere paas

Iss faisle ka haq thume nahi

Naa raho tum itne udaas

Hans ke guzaro chand din yaha

Laut kar akhir vapas hi jaana hai

Shukar karo gulami ka mauka toh mila

Itni jaldi haar ke chale jaana hai

Woh nahi ab theyaar tumhe bulane ke liye

Na karo tum itni jaldi

Namaaz paroh, sajdah karo

Din ibadat meh guzar jayega aaj ka bi

Ek hi zindagi hai

Imtihaan leti hai yeh sab ka

Tum tho abhi hi haar gaye

Aneh wala hai din Ramadan ka

Allah ko rohz yaad karo

Sirf iss mah nahi par har rohz

Chor do geh tum yeh rona dona

Zaya kiye hue dino ka hoga afsos

Ramadan ka maheena guzar gaya

Dekh lo kya kiya tumne haasil

Ibadath meh har gham bhool gai

Ab nahi lagta tumhe kuch mushkil

<u>جیو</u>

زندگی نہ جینے کی قسم کھا چکے تھے وہ
سنا میں نے اور سہارا دیا انہیں
کسی اور کی وجہ سے ہو جاؤگے اللہ کو پیارے
جب تم تو غلام ہو ان کے

وقت جب آئیگا خود ہی بلا لینگے تمہیں
کے لوٹ کر آجاؤ میرے پاس
اِس فیصلے کا حق تمہیں نہیں
نہ رہو تم اتنے اداس

ہنس کے گزارو چند دن یہاں
لوٹ کر آخر واپس ہی جانا ہے
شکر کرو غلامی کا موقع تو ملا
اتنی جلدی ہار کے چلے جانا ہے

وہ نہیں اب تیار تمہیں بلانے کے لیے
نہ کرو تم اتنی جلدی
نماز پڑھو ، سجدہ کرو
دن عبادت میں گزر جائیگا آج کا بھی

ایک ہی زندگی ہے
امتحان لیتی ہے یہ سب کا
تم تو ابھی ہی ہار گئے
آنے والا ہے دن رمضان کا

اللہ کو روز یاد کرو
صرف اِس ماہ نہیں ہر روز
چھوڑ دو گے تم یہ رونا دونا
ضائع کیے ہوئے دنوں کا ہو گا افسوس

رمضان کا مہینہ گزر گیا
دیکھ لو کیا کیا تم نے حاصل
عبادت میں ہر غم بھول گے
اب نہیں لگتا تمہیں کچھ مشکل

Live

He swore that he didn't want to live anymore

I heard and was his shoulder to cry on

Why end your life because of someone else

When you are here to serve Allah

When your time is up he will call you himself

He will tell you he wants you back

You don't have the right to make that decision

Don't always be so sad

Be happy, laugh and enjoy your days on Earth

In the end you will return to him

Be grateful you were given a chance to serve him

Don't be so quick to want to return to him

He isn't ready for you yet

Stop being so hasty

Pray your Namaz and praise Allah

Your days will pass in worship

You have one life

It's a test for us all

You are giving up already

Tommorrow is the day of Ramadan

Praise Allah daily

Not just during this holy month but every day

You will leave all these tears behind

You will look back and wish you hadn't wasted the days being upset.

Ramadan has now passed

Look at what you have gained

Your forgot all your sorrows through praying

You find nothing difficult anymore

Ghar ki Bahu

Na toh ghar ki bahu, na bahu ka ghar

Apni betiyon ke hukam sar aankhon par

Bahu bhi beti hoti hai

Usse mauka toh doh ye dikhane ka

Abhi toh aayi hai ghar aapke

Beti jitna pyar paana hai haq uska

Na tho ghar ki bahu, na bahu ka ghar

Apni betiyo ke hukam sar aankoh par

Khush nahi aap iss ki waja kya hai

Kaam tho nokaroh se bi ziada bahu ne kiya

Kyu baat baath par tokah usse

Araam ka ek pal nahi lene diya

Na toh ghar ki bahu, na bahu ka ghar

Apni Betiyon ke hukam sar aankhon par

Ek din thaa jab aap bi kisi ki bahu thi

Kitne pyaar seh rakha tha unho ne aapko

Zilat ke din kabhi na deke apne

Kyu pir dikhai apne apni bahu ko

Na toh ghar ki bahu, na bahu ka ghar

Apni betiyon ke hukam sar aankhon par

Izath apki rakhi usne sab ke saamne

Kabhi apki di hui takleef ka izhaar na kiya

Kaha sab ko khushnaseeb hoon main essa sasural paa ke

Aap ki izhat ko daag na lageh uska ehsaas usne kiya

Na toh ghar ki bahu, na bahu ka ghar

Apni Betiyon ke hukam sar aankhon par

Uss rishte ki ehmiath jaan lo

Na thor dena uska ghar

Bahu toh aapki ghar ki izath hai

Pyaar do beti se bi bhar kar

Na toh ghar ki bahu, na bahu ka ghar

Apni betiyon ke hukum sar aankhon par

گھر کی بہو

نہ تو گھر کی بہو ، نہ بہو کا گھر
اپنی بیٹیوں کے حکم سَر آنکھوں پر

بہو بھی بیٹی ہوتی ہے
اسے موقع تو دو یہ دکھانے کا
ابھی تو آئی ہے گھر آپکے
بیٹی جتنا پیار پانا ہے حق اسکا

نہ تو گھر کی بہو ، نہ بہو کا گھر
اپنی بیٹیوں کے حکم سَر آنکھوں پر

خوش نہیں آپ اِس کی وجہ کیا ہے
کام تو نوکروں سے بھی زیادہ بہو نے کیا
کیوں بات بات پر ٹوکا اسے
آرام کا ایک پل نہیں لینے دیا

نہ تو گھر کی بہو ، نہ بہو کا گھر
اپنی بیٹیوں کے حکم سَر آنکھوں پر

ایک دن تھا جب آپ بھی کسی کی بہو تھیں
کتنے پیار سے رکھا تھا انہوں نے آپکو
ذلت کے دن کبھی نہ دیکھے آپنے
کیوں پھر دکھاۓ آپنے اپنی بہو کو

نہ تو گھر کی بہو ، نہ بہو کا گھر
اپنی بیٹیوں کے حکم سَر آنکھوں پر

عزت آپکی رکھی اس نے سب کے سامنے
کبھی آپکی دی ہوئی تکلیف کا اظہار نہ کیا
کہا سب کو خوشنصیب ہوں میں ایسا سسرال پاکے
آپکی عزت کو داغ نہ لگے اسکا احساس اسنے کیا

نہ تو گھر کی بہو ، نہ بہو کا گھر
اپنی بیٹیوں کے حکم سَر آنکھوں پر

اس رشتے کی اہمیت جان لو
نہ توڑ دینا اسکا گھر
بہو تو آپکی گھر کی عزت ہے
پیار دو بیٹی سے بھی بڑ کر

نہ تو گھر کی بہو ، نہ بہو کا گھر
اپنی بیٹیوں کے حکم سَر آنکھوں پر

Daughter In Law

You didn't think of her as your daughter in law, nor did you think your house was hers but you treated your own daughters like Queens of the world and obeyed their orders

A daughter in law is also your daughter

Just give her a chance to show you

She has only just come to your house

She has every right to be loved like a daughter

You didn't think of her as your daughter in law, nor did you think your house was hers but you treated your own daughters like Queens of the world and obeyed their orders

You aren't happy, what is the reason

You made her work harder than a slave

Why do you always put her down

You never let her live a day in peace

You didn't think of her as your daughter in law, nor did you think your house was hers but you treated your own daughters like Queens of the world and obeyed their orders

There was a day when you were someones daughter in law

They showered you with so much love

You never saw a day of suffering

Why is that all you shown your daughter in law

You didn't think of her as your daughter in law, nor did you think your house was hers but you treated your own daughters like Queens of the world and obeyed their orders

She kept your respect infront of everyone

She never let anyone know what you put her through

She told everyone how lucky she was to have such inlaws

She never let your respect be tarnished

You didn't think of her as your daughter in law, nor did you think your house was hers but you treated your own daughters like Queens of the world and obeyed their orders

Learn the value of this bond

Don't break up her happy marriage

A daughter in law is your respect

Love her more than you love your own daughters

You didn't think of her as your daughter in law, nor did you think your house was hers but you treated your own daughters like Queens of the world and obeyed their orders

Ehsaan Faramosh

Ehsaan faramosh hona tho unki adat thi

Ek rohz mujhe pehchana hi chor diya

Jis ke liyeh mene itna kuch kiya

Mera naam pukarna hi uss ne chor diya

احسان فراموش

احسان فراموش ہونا تو انکی عادت تھی
ایک روز مجھے پہچاننا ہی چھوڑ دیا
جس کے لیے میں نے اتنا کچھ کیا
میرا نام پکارنا ہی اس نے چھوڑ دیا

Ungrateful

Being ungrateful is the way he was

There came a day when he didn't recognise me

The one that I did so much for

There came a day when he stopped mentioning my name

Thalaaq

Thalaaq lene me badnaami nahi

Ye tho apna apna faisla hai

Majboori se zindagi nahi guzaarthe

Nah socho ye sazaa hai

Lohg tho hamesha bolenge

Roko ge kesse unhe

Baat mein hi baat sunna dengeh

Khamosh karo geh thum kisse

Rohz rohz ki larai se

Azaad karo apne aap ko

Pareshaan hamesha rehte ho

Sambala karo apne aap ko

Koi faisla mushkil nahi

Soch thum apni badlo

Kisi aur ki nahi, bas apni socho

Dastakath kagaz parr kar lo

Ab thum kithne khush ho

Har khushi thum parr qurbaan

Utah liya thumne ab ye kadam

Zindagi jee lo meri jaan

طلاق

طلاق لینے میں بدنامی نہیں
یہ تو اپنا اپنا فیصلہ ہے
مجبوری سے زندگی نہیں گزارتے
نہ سوچو یہ سزا ہے

لوگ تو ہمیشہ بولینگے
روکو گے کیسے انہیں
بات میں ہی بات سنا دینگے
خاموش کرو گے تم کسے

روز روز کی لڑائی سے
آزاد کرو اپنے آپ کو
پریشان ہمیشہ رہتے ہو
سنبھالا کرو اپنے آپ کو

کوئی فیصلہ مشکل نہیں
سوچ تم اپنی بدلو
کسی اور کی نہیں ، بس اپنی سوچو
دستخط کاغذ پر کر لو

اب تم کتنے خوش ہو
ہر خوشی تم پر قربان
اٹھا لیا تم نے اب یہ قدم
زندگی جی لو میری جان

Divorce

There is nothing bad in getting divorced

It is a decision we make for ourselves

You shouldn't live your life the way you think you have to

Don't think it's a punishment

People will always talk

How will you stop them

They will always have digs at you

How will you stop them

You argue every day

Free yourself from it all

You always seem so on edge

Look after yourself

No decision is that difficult to make

Change the way you think

Think of yourself not anyone else

Sign your divorce papers

Look at how happy you are now

May you have every happiness

You have taken such a big step

Live your life now my darling

Rothe ho

Jeethi thi toh kehte the marthi kyu nahi

Ab mar gayi hoon tho rothe ho

Badua thumhari mujhe essi lagi

Ab Rab se maafi maangte ho

روتے ہو

جیتی تھی تو کہتے تھے مرتی کیوں نہیں
اب مر گئی ہوں تو روتے ہو
بدعا تمہاری مجھے ایسی لگی
اب رب سے معافی مانگتے ہو

You cry

When I was alive you wished me dead

Now I'm dead why do you cry

You cursed me and always wished me bad karma

Now you ask God to forgive you

Zinda dil

Khyaal rakthi thi woh apne aap ka

Ab toh sajna savarna hi chor diya

Kis tharha uska zinda dil thora tumne

Laash ki tharha uske pyaar ko dafna kar chor diya

زندہ دِل

خیال رکھتی تھی وہ اپنے آپ کا
اب تو سجنا سنورنا ہی چھوڑ دیا
کس طرح اسکا زندہ دِل توڑا تم نے
لاش کی طرح اسکے پیار کو دفنا کر چھوڑ دیا

Lively heart

She used to look after her appearance

She doesn't dress up any more

You broke her lively heart into pieces

You buried her love like a corpse

Khuda ke faisleh

Mere girthe hue aansuo par nah hasso tum

Meri likhi hui thakdeer par na hasso thum

Khuda ne faisla kiya hai meri zindagi ka

Khuda ke faislon parr na hasso thum

خدا کے فیصلے

میرے گرتے ہوئے آنسوؤں پر نہ ہنسو تم
میری لکھی ہوئی تقدیر پر نہ ہنسو تم
خدا نے فیصلہ کیا ہے میری زندگی کا
خدا کے فیصلوں پر نہ ہنسو تم

Gods decisions

Don't laugh at the tears falling from my eyes

Don't laugh at my fate

God has decided on my life

Don't laugh at his decisions

Shatranj Ki Baazi

Zindagi meri ek khel ban ke reh gayi

Iss khel mein haar hamesha sirf meri hui

Shatranj ki baazi essi kheli usne

Ankh japakthe hi badal di zindagi meri

شطرنج کی بازی

زندگی میری ایک کھیل بن کے رہ گئی
اِس کھیل میں ہار ہمیشہ صرف میری ہوئی
شطرنج کی بازی ایسی کھیلی اس نے
آنکھ جپاکتے ہی بَدَل دی زندگی میری

Game of chess

My life became one big game

In this game only I ever lost

He played this game in such a way

In the blink of an eye he changed my life

Khwaab

Khwaabon mein jine dekti thi woh agaye meri zindagi mein
Unse milne ki jo thamana thi woh puri ho gayi
Socha nahi tha woh chand din ke mehmaan hai
Ab toh thasveero ko seeneh se lagati rahi

خواب

خوابوں میں جنے دیکھتی تھی وہ آگئے میری زندگی میں
انسے ملنے کی جو تمنا تھی وہ پوری ہو گئی
سوچا نہیں تھا وہ چند دن کے مہمان ہیں
اب تو تصویروں کو سینے سے لگاتی رہی

Dreams

The one I saw in my dreams had come into my life
My wish to meet him had been fulfilled
I never thought he would be there for such a short time
Now I hold his photos close to my chest

Ishq ki gali

Ishq ki gali se guzaro ge
Toh pir dard ka mathlab jano ge
Ishq ki baazi lagai hi nahi
Toh meri Baat ko kesse mano ge

عشق کی گلی

عشق کی گلی سے گزرو گے
تو پھِر درد کا مطلب جانو گے
عشق کی بازی لگائی ہی نہیں
تو میری بات کو کیسے مانو گے

The path of love

When you walk the path of love
You will know what pain is
You haven't even attempted to love yet
So how will you agree with what i'm saying

Bathein

Itni gehrai thi uski baaton mein
Kabhi iqrar na ussne kiya
Mehndi lag gai uskeh haathon mein
Kabi izhaar na usne kiya
Nayi zindagi ki shuruwaath ki usne
Apne dard ko chupa liya
Koi samja na uski kahaani
Usne bataana hi chor diya

باتیں

اتنی گہرائی تھی اسکی باتوں میں
کبھی اقرار نہ اسنے کیا
مہندی لگ گئی اس کے ہاتھوں میں
کبھی اظہار نہ اس نے کیا
نئی زندگی کی شروعات کی اس نے
اپنے درد کو چھپا لیا
کوئی سمجھا نہ اسکی کہانی
اس نے بتانا ہی چھوڑ دیا

Conversation

Her words would have so much depth and meaning
She never confessed the truth
Henna was put on her hands
She didn't disclose anything
She started a new life
She hid her pain
No one understood her story
She stopped telling everyone